AF310991

FÉDÉRATION NATIONALE DES BUCHERONS

ET

Travaux Similaires

DE FRANCE ET DES COLONIES

— ◆ ◆ —

3e CONGRÈS

Tenu au Salon des Charmilles

A AUXERRE (Yonne)

LE 4 SEPTEMBRE 1904

— ✦ —

COMPTE-RENDU

DES TRAVAUX DU CONGRÈS

Publié par les soins du Comité Fédéral
suivant la décision du Congrès

TRAVAILLEURS

De tous Pays

UNISSEZ-VOUS

L'ÉMANCIPATION

des Travailleurs

SERA L'ŒUVRE

DES TRAVAILLEURS

eux-mêmes

BOURGES
IMPRIMERIE OUVRIÈRE DU CENTRE
COMMANDITE D'OUVRIERS SYNDIQUÉS
38, Rue Bourbonnoux, 38
—
1905

Organisations représentées au Congrès

ALLIER

Ouvriers Bûcherons et travaux similaires
du canton de Lurcy-Lévy.   POUBAULT

Union Syndicale des Ouvriers Bûcherons,
Fendeurs et travaux similaires de Pouzy
et des communes limitrophes.   POUBAULT

Union Syndicale des Ouvriers Bûcherons,
Fendeurs et travaux similaires de la
commune de St-Plaisir.   POUBAULT

AUBE

Syndicat des Bûcherons de la forêt de Ru-
milly et de la région, Rumilly-les-
Vaudes.   LAUREAU

CHER

Bûcherons et travaux similaires d'Arpheuilles. MOUILLERON

—   —   — d'Apremont. DEVEISSIÈRE

Ouvriers Bûcherons et Travailleurs agricoles
de la commune de Barlieu.   GAUDRY

Bourse du Travail de Bourges.   MICHON

Bûcherons et travaux similaires de Bigny
Vallenay.   VEUILLAT

Ouvriers Agricoles et travaux similaires de
Bengy-sur-Craon.   MICHON

Bûcherons et travaux similaires de Charen-
ton du Cher.   VEUILLAT

Bûcherons et travaux similaires de Cours-
les-Barres.   GITTON

Bûcherons et similaires de Cuffy.   DELOIRE

—   — de Dun-sur-Auron. MAUGER

—   — de Farges-en-Sep. GAUDRY

—   — de Feux. TISSIER

—   — de Flavigny. GIRAUD

—   — de Germigny-l'Ex. MOUILLERON

—   — d'Ivoy-le-Pré. MONNOT

—   — de Jouet-sur-l'Aub. GITTON

—   — de Jussy-le-Chaud. BASLUT

Bûcherons et Similaires de la Celle-Bruère,
Bruère-Allichamps, Farges et Nozières. MONNOT
Bûcherons et Similaires de la Chap^{lo}-Hugon VEUILLAT
Bûcherons et Similaires de la Guerche-sur-
l'Aubois. MONNOT
Bûcherons et Similaires de Menetou-Couture VEUILLAT
Bûcherons, Agricoles et Similaires des com-
munes de Menetou-Salon, St-Palais,
Quantilly et Achères GAUDRY
Bûcherons et Similaires de Mornay-Berry GIRAULT
Bûcherons et Similaires de Mornay-s-Allier. SIMONIN
—   —   de Levet. MICHON
—   —   de Nérondes. GIRAUD
—   —   de Sagonne. MAUGER
—   —   de Sancoins. MAUGER
—   —   de Sancergues. MILLERIOUX
—   —   de St-Baudel. MICHON
—   —   de St-Bouize. TISSIER
Bûcherons et Agricoles de St-Pierre-les-Et. DEVEISSIÈRE
Bûcherons et Similaires de Torteron. GITTON
Bûcherons et Agricoles de Vereaux. DEVEISSIÈRE
Bûcherons et Similaires de Villabon. MOUILLERON

HAUTE-MARNE

Bûcherons et Similaires d'Arc-en-Barrois. GRIFFUELHES

INDRE

Bûcherons et Similaires du Poinçonnet. GAUTRAT
Bûcherons et Terrassiers de Niherne. GAUTRAT

JURA

Bûcherons de la région de Dôle. GRIFFUELHES

LOIRET

Syndicat des Ouvriers Fendeurs et Tonne-
liers de Faverelles. PIFFAULT
Bûcherons et Similaires de Thou. PIFFAULT

NIÈVRE

Union des Syndicats des ouvriers bûcherons
et agricoles de la Nièvre (Nevers). LEGROS
Chambre Syndicale des ouvriers ·bûcherons
et agricoles de la commune d'Arquian. GONDEAU
Syndicat des ouvriers bûcherons, agricoles

et travaux similaires de la région de Chantenay St-Imbert. F. GOUNET

Syndicat des ouvriers bûcherons et agricoles du Morvan, Montaron. ANCEAU et LAUREAU

Syndicat des bûcherons des Amognes, Nolay. Jean RACOT

Union Syndicale des ouvriers bûcherons, agricoles et travaux similaires, Parigny-les-Vaux. BERTRAND

Syndicat des bûcherons et autres industries connexes, Fédération sardicoise, Sardy-les-Epiry. D. DAVAUD

Syndicat des bûcherons Saint-Honoré. VEUILLAT

Syndicat des Amognes, Ouvriers bûcherons. agricoles et travaux similaires, La Fermeté. JEUNET

Ouvriers bûcherons et agricoles de la région de St-Saulge. JEUNET

YONNE

Bûcherons du canton de Vezelay, Brosses. A. DUPONT

Chambre Syndicale bûcherons et similaires de Lavau. GODARD

Bûcherons de la rég   d'Avallon, Saint-André en Morvan. I. BONIN

Ouvriers Forestiers, agriculteurs de Fargeau. L. SIMON

—   —   —   de St-Privé. DUBOIS

—   —   de St-Martin-des-Champs. St. BONIN

—   —   de St-Sauveur en Puisaye. Aug. MERLIN

...   —   —   de Treigny. M. DAPPOIGNY et H. DUBOIS

VENDÉE

Bûcherons et travaux similaires, Mervent. GODARD

En outre, la Confédération Générale du Travail avait délégué le camarade GRIFFHUELES.

Les Préliminaires du Congrès

*Aux termes des décisions prises au Congrès de Nevers,
du 30 août 1903, la ville d'AUXERRE ayant été choisie
pour la tenue du 3° Congrès National de la Fédération
Nationale des Bûcherons de France et des Colonies, le
Comité Fédéral, après s'être entendu avec les organisations
ouvrières d'Auxerre, auxquelles incombait le soin de l'organisation matérielle du Congrès, en fixait la date au diman-
che 4 septembre 1904 et adressait aux syndicats Bûcherons
les deux circulaires suivantes :*

FÉDÉRATION NATIONALE
DES
BUCHERONS DE FRANCE
Et des Colonies

3ᵉ Congrès National

---

*Aux Syndicats de Bûcherons !
Aux Travailleurs conscients !*

Encore quelques mois et les délégués des bûcherons de tous
les points de la France se trouveront réunis à Auxerre, pour
donner cette fois au monde du travail, le spectacle d'un des
plus beaux et des plus intéressants Congrès des Travailleurs des
Bois et des Champs.

Le Conseil Fédéral, dont le rôle dans la circonstance, est des
plus délicats, n'aura rien négligé pour donner aux assises ouvrières du 4 Septembre prochain, toute l'importance et tout
l'intérêt dont est digne notre Organisation bûcheronne.

Aussi c'est avec confiance que nous attendons l'ouverture de
nos séances, où nous enregistrerons avec plaisir, durant nos dé-
libérations, les progrès accomplis et la marche toujours croissante des travailleurs bûcherons organisés dans leur évolution
syndicale.

Camarades,

De temps immémoriaux, les hoberaux des campagnes ont

crié hautement l'irréalisation de l'organisation paysanne. Cette manière de voir est aujourd'hui mise au rebut par ceux-là même qui l'avaient tant propagée.

La situation importante, prise par la Fédération Nationale des bûcherons, n'est plus discutée même par nos adversaires — vu le nombre sans cesse grandissant des Syndicats qui la composent.

En effet, pour s'en convaincre, il suffit de jeter un coup d'œil en arrière et d'envisager les résultats obtenus.

Au 1er Octobre 1903, 47 Syndicats de bûcherons et agricoles composaient cette organisation et actuellement, au 1er Juin 1904, 68 Syndicats y sont affiliés.

Nos forces se sont donc sensiblement accrues durant l'année qui vient de s'écouler; c'est pour nous un heureux résultat pour le passé et un brillant présage pour l'avenir.

Mais, camarades, nous ne devons pas nous endormir sur nos lauriers, nous devons redoubler d'ardeur dans la lutte que nous avons entreprise, et c'est pour accélérer la marche vers l'idéal rêvé, que nous adressons un pressant appel aux Syndicats encore isolés, afin de rentrer dans le plus bref délai possible, sous les larges plis du drapeau de notre Fédération.

Dans l'intérêt même des travailleurs et pour le triomphe de nos si justes aspirations, nous engageons vivement tous les syndicats de bûcherons de France à se conformer le plus tôt possible aux indications ci-dessous désignées, afin que le prochain Congrès d'Auxerre soit pour les travailleurs des bois et des champs, la preuve la plus éclatante de la force indomptable des travailleurs syndiqués.

Les Syndicats fédérés peuvent dès maintenant saisir le Conseil Fédéral des divers points qu'ils veulent mettre en discussion.

Avis important

Pour adhérer à la Fédération Nationale, il suffit de faire une demande d'admission qui devra être accompagnée des statuts du syndicat ainsi que du nombre de ses adhérents.

Les cotisations mensuelles sont fixées pour chaque syndicat, à cinq centimes par membres et par mois, il est perçu en outre un droit d'entrée de cinq centimes par membre ; — il est bien entendu que ce droit n'est exigible que pour le 1er mois seulement.

C'est donc o fr. 10 que les syndicats non adhérents, devront verser à bref délai.

Les Syndicats fédérés recevront au prix de 1 fr. 75 la marque syndicale (Le Label), par les soins du secrétaire.

Prière d'en adresser le montant avec les cotisations du 1er trimestre.

Le Secrétaire-général et le trésorier habitant la même localité, pour éviter de multiples correspondances, prière d'adresser lettres et mandats au camarade D. Vouillat, secrétaire-général à la Chapelle-Hugon (Cher), ainsi que tous les renseignements relatifs au travail et à la propagande.

Le Comité Fédéral.

FÉDÉRATION NATIONALE DES SYNDICATS
De Bûcherons de France et des Colonies

IIIme CONGRÈS ANNUEL

Qui se tiendra à Auxerre, le 4 Septembre 1904.

Aux Organisations bûcheronnes,
aux Travailleurs conscients,

Camarades,

Nous inspirant des décisions prises par le 2ᵉ Congrès National des travailleurs des bois et parties similaires, tenu à Nevers le 30 août 1903, nous adressons aujourd'hui le second appel à tous les Syndicats de bûcherons, les invitant à assister au 3ᵉ Congrès annuel de la Fédération Nationale, qui aura lieu à Auxerre, le 4 septembre prochain.

Dans notre première circulaire nous vous avons fait connaître la joie profonde que nous manifestions en vue de ces grandes assises ouvrières devenant de plus en plus imposantes.

En effet, partout où notre parole a été portée, nos efforts ont été couronnés de succès et c'est avec une fierté légitime que nous nous en félicitons.

Un grand élan se fait sentir chez les travailleurs de la glèbe, aussi jamais Congrès corporatif n'aura été plus intéressant. Il y a aujourd'hui en France 105 organisations ouvrières bûcheronnes, il faut que toutes, sans exception, soient représentées.

Il faut que les résolutions qui vont être prises reflètent exactement nos idées et nos aspirations.

Car, soyons-en persuadés, camarades, c'est de nous et de nous seuls que dépendent toutes les améliorations présentes et futures. Ils l'ont bien compris eux, les exploitants de tout acabit, qui, apeurés par l'approche de l'heure fatale, ont mis en pratique plus que jamais durant l'année qui vient de s'écouler, la plus hypocrite des tactiques en tentant — en vain ! — d'empoisonner par le *virus jaune*, nos organisations ouvrières bûcheronnes, toujours plus unies sur le terrain de la lutte économique.

Ils l'ont bien compris les patrons et maîtres du jour, qui, connaissant la puissance grandissante des Syndicats, n'ont pas hésité à grouper leurs forces en de vastes associations et n'ont pas hésité non plus, d'accord avec la magistrature affolée, à préméditer des manœuvres sans nom et à punir quiconque d'entre nous se permettait d'affirmer trop haut sa confiance en l'action syndicale.

Réunis au Congrès, chacun de nous pourra librement exposer

ses idées afin de prendre les mesures nécessaires pour empêcher le retour de semblables faits.

Pour cela et dans l'intérêt même de notre liberté, il importe que toutes les organisations soient directement ou indirectement représentées aux travaux de notre corporation qui, ne l'oubliez pas, viendra encore une fois affirmer votre droit et votre volonté.

A l'œuvre donc et vive l'émancipation intégrale des travailleurs !

Vive l'Organisation syndicale !

Pour le Conseil Fédéral,

Le Secrétaire-général. D. VEUILLAT.

AVIS IMPORTANT

Le Congrès s'ouvrira à 9 heures du matin à la Grande Salle, Salon des Charmilles, à Auxerre. Il tiendra deux séances, matin et soir.

Les organisations sont priées de désigner leurs délégués le plus tôt possible et d'en faife connaître le nom au Secrétaire du Conseil Fédéral.

Les délégués devront être munis d'un mandat parfaitement en règle, signé des membres du bureau et timbré du cachet syndical.

Les Syndicats dont les moyens ne permettraient pas d'envoyer un délégué, pourront adresser leur mandat rédigé dans les formes voulues au Conseil fédéral qui désignera un camarade pour les représenter.

Les délégués seront reçus à la gare par les membres organisateurs du Congrès.

Adresser toute correspondance au citoyen D. Veuillat, Secrétaire-général, à La Chapelle-Hugon (Cher).

L'ARRIVÉE DES DÉLÉGUÉS A AUXERRE

Dès le 3 Septembre les délégués bûcherons venant de tous les points de la France débarquent à Auxerre.

Ils sont reçus aux différentes gares par des camarades délégués des syndicats ouvriers de la localité, qui, avec une affabilité réelle se mettent à l'entière disposition des congressistes pour tous les renseignements dont ils peuvent avoir besoin et leur servent de guides pour la visite de la ville et des principaux monuments.

Auxerre est en fête, des guirlandes de verdure sillonnent les rues; des arcs de triomphe s'élèvent ça et là. Le lendemain doit avoir lieu l'inauguration du nouveau marché couvert, le ministre de l'Intérieur doit présider à cette inauguration. L'affluence des étrangers est très grande, les hôtels sont pris d'assaut. Les délégués bûcherons néanmoins ne coucheront pas dehors; les groupements ouvriers auxerrois ont prévu le cas, et sur leur demande la municipalité a mis gracieusement à la disposition des congressistes l'un des dortoirs du collège, où des lits ont été préparés à leur intention et où nos camarades reçoivent le plus bienveillant accueil.

Vin d'honneur

La veille du Congrès, un vin d'honneur est offert aux délégués bûcherons, dans la salle de la maison du Peuple par les groupements ouvriers. Paysans et citadins fraternisent; on se serre la main, on parle de la lutte qu'ont à soutenir les ouvriers dans les différentes régions.

On se donne rendez-vous pour le lendemain.

LE CONGRÈS

Les bûcherons arrivés la veille se réunissent à la gare à la rencontre des camarades venant par les trains du matin. Drapeau au vent, accompagnés de nombreux camarades d'Auxerre, les délégués se rendent à la Grande Salle du Salon des Charmilles, où doit avoir lieu le Congrès.

L'ORDRE DU JOUR :

1. Vérification des mandats ;
2. Rapport du Conseil Fédéral ;
3. Rapport de la Commission de Contrôle ;
4. Bénéfice du tarif réduit sur les chemins de fer aux travailleurs délégués aux assises du travail ;
5. Moyens à employer pour amener l'Etat à traiter directement avec les Organisations syndicales pour les coupes des bois de l'Etat ;
6. Lois Ouvrières (Prud'homie) ;
7. Désignation des lieu et date du prochain Congrès ; Fixation du siège social pour 1905 ;
8. Renouvellement du Conseil Fédéral et de la Commission de Contrôle ;
9. Questions diverses. Congrès de Bourges.

La Première Séance

A neuf heures la séance est ouverte par Veuillat, Secrétaire - général de la Fédération Nationale, qui souhaite la bienvenue aux délégués dans les termes suivants :

Camarades,

Ce n'est pas sans une profonde joie, ni sans une certaine émotion, que je vous adresse les souhaits de bienvenue au nom du Conseil Fédéral.

C'est avec joie, parcequ'ici on a le plaisir d'être au milieu de camarades, tous militants dévoués, toujours prêts à lutter pour le triomphe de nos si justes et si légitimes revendications ; mais c'est aussi avec émotion, chers camarades, en constatant que nos assises ouvrières bûcheronnes devenant de plus en plus fortes et importantes : *l'œuvre d'émancipation sociale, à laquelle nous collaborons tous avec le même courage et la même sincérité, se précise chaque jour davantage dans sa grandeur et sa prospérité.*

Le but qui nous a amené ici est que nous voulons tous voir réaliser dans le plus bref délai possible, toutes les réformes susceptibles de pouvoir améliorer le sort des ouvriers de la campagne.

Les assises ouvrières qui commencent aujourd'hui marqueront, je n'en doute pas, une date mémorable dans notre organisation bûcheronne, qui nous acheminera plus sûrement vers la victoire.

Pour cela, il importe que chacun des camarades réunis ici, apporte son entier concours et puisse s'exprimer librement et sans crainte de qui que ce soit.

Il faut que le Congrès, qui va s'ouvrir à l'instant, soit fécond en résultats et soit la marque vivante de ce que peuvent faire des ouvriers conscients et organisés ; il faut que les décisions qui seront prises au sein de cette assemblée reflètent exactement nos idées et nos aspirations.

Maintenant, camarades, le 3º Congrès de la Fédération Nationale est ouvert, vous pouvez maintenant vous livrer à vos travaux avec confiance, car, en orientant de plus en plus le prolétariat des bois et des champs vers la voie corporative et révolutionnaire dans laquelle nous marchons nous-mêmes ; en créant par votre cohésion la force qui renversera la forteresse capitaliste et exploiteuse, vous collaborerez dans une large mesure à la constitution d'une nouvelle société, pleine de bonheur et d'harmonie, où chacun jouira du fruit intégral de son travail.

Je vous invite, Camarades, à procéder à la formation de votre Bureau.

Applaudissements.

Le nom de Mauger, de Dun-sur-Auron (Cher), mis en avant pour la Présidence de l'Assemblée est accueilli par des acclamations unanimes.

MAUGER fait observer qu'ayant déjà eu l'honneur de présider l'année dernière le Congrès de Nevers, il serait heureux de voir un autre camarade présider le Congrès d'Auxerre.

Tous les délégués insistent vivement à nouveau pour que la présidence de la séance soit confiée à Mauger en reconnaissance des nombreux services qu'il a rendus et rend tous les jours à la cause bûcheronne.

Devant l'insistance unanime de l'Assemblée, Mauger accepte la présidence.

BONNIN Isidore, d'Avallon (Yonne) et GODARD, de Lavaud (Yonne) sont désignés comme assesseurs.

VEUILLAT, Secrétaire-général (La Chapelle-Hugon, Cher), est désigné pour remplir les fonctions de Secrétaire du Congrès.

MAUGER, *Président du Congrès*, remercie les délégués

bûcherons du nouveau témoignage de confiance qu'ils viennent de lui donner en l'appelant à présider pour la deuxième fois les assises du prolétariat bûcheron.

Il montre le chemin parcouru depuis 1891 ; les écueils rencontrés, la nouvelle méthode adoptée et les résultats obtenus, résultats qui se traduisent aujourd'hui par une augmentation croissante du nombre des Syndicats Bûcherons organisés et adhérents à la Fédération Nationale.

Il remercie les groupes ouvriers d'Auxerre du concours qu'ils ont prêté au Comité Fédéral pour l'organisation du Congrès.

Il remercie également la Municipalité d'Auxerre, qui a bien voulu, en raison de l'affluence nombreuse des visiteurs attirés par l'inauguration du Marché-Couvert, mettre les dortoirs du Collège à la disposition des Congressistes.

C'est là, dit-il, un exemple qui pourrait être suivi dans d'autres localités désireuses de faciliter l'accès des Congrès aux ouvriers en réduisant ainsi en partie les dépenses des délégués.

Il salue le camarade Griffuelhes, délégué par la Confédération générale du Travail au Congrès.

I' regrette l'absence du camarade Hervier, Secrétaire-général de la Bourse du Travail de Bourges, qui, depuis un certain temps a, lui aussi, fait beaucoup pour la propagande bûcheronne et qui, retenu par les travaux préparatoires du XIV⁰ Congrès Corporatif qui doit avoir lieu à Bour, s du 12 au 17 Septembre prochain, n'a pu assister au Congrès.

Il salue le camarade Laffont, qui, de concert avec les camarades Wilm et Gauniche a été le défenseur de ceux des vaillants Secrétaires ou Présidents de Syndicats de la région de La Guerche, qui portent allègrement sur leur dos quelques mois de prison, gagnés pour défendre la cause de leurs camarades.

Condamner d'aussi dévoués militants que les camarades VEUILLAT, Secrétaire-général de la Fédération Bûcheronne, DELOIRE, Secrétaire du Syndicat de Cuffy, PENET, Président et LARAMÉE, Secrétaire du Syndicat de La Guerche, MANCIER et MOUILLERON, Président et Secrétaire du Syndicat de Germigny, DORSEMAINE, Président du Syndicat d'Apremont, JOLY, MALTET, JOUANNET et CLAUDET, Membres de ces divers Syndicats, n'est-ce pas la plus belle auréole de gloire qu'on pouvait mettre sur le front de ces dévoués camarades ?

MAUGER termine en invitant les délégués à conserver cette bonne entente qui n'a jamais cessé de régner entre bûcherons, afin de faire de bon travail dans l'intérêt de tous, pour pouvoir réclamer et réclamer sans se lasser jamais la part de bien-être à laquelle l'ouvrier de la terre a droit.

MAUGER, président, prie le secrétaire général de donner connaissance des procès-verbaux des séances du dernier Congrès.

VEUILLAT, secrétaire général, fait connaître que chaque syndicat adhérent à la Fédération ayant reçu un exemplaire de la brochure rendant compte du Congrès de Nevers, pour éviter une perte de temps inutile, on pourrait se dispenser de lire la brochure et demander simplement aux délégués s'ils ont des observations à présenter aux procès-verbaux. (Adopté).

Aucune objection ne s'étant produite, les procès-verbaux sont adoptés.

MAUGER indique que l'ordre du jour du Congrès appelle :

1° La vérification des mandats.

VEUILLAT, secrétaire général, fait l'appel des organisations. Ce qui permet de constater que 65 organisations sont représentées au Congrès.

MAUGER invite le Congrès à désigner six membres pour la commission de vérification des mandats, choisis autant qu'il sera possible dans les divers départements représentés au Congrès.

Sont désignés :

DELOIRE, Cuffy-Le Guétin (Cher).

JEUNET, La Fermeté (Nièvre).

BONIN Isidore, Avallon (Yonne).

POUBEAU, Lurcy-Lévy (Allier).

GAUTRAT, Niherne (Indre).

PIFFAULT, Thou (Loiret).

Les membres de la Commission se retirent dans une salle voisine.

MAUGER, président, propose qu'il soit procédé à la lecture des rapports du Conseil Fédéral et de la Commission de contrôle pendant que la Commission de vérification des mandats effectuera son travail.

Les camarades de la Commission seront tenus au courant de ce qui se sera passé dès qu'ils reviendront dans la salle. De la sorte, on ne perdra aucun des instants du Congrès, qui tous sont nécessaires pour mener à bien le long travail du Congrès. (Adopté.)

En conséquence, VEUILLAT a la parole pour lire le

Rapport du Conseil Fédéral

Dans le cours de l'année 1904, c'est-à-dire depuis le Congrès de Nevers, le Conseil Fédéral a eu de grands travaux à accomplir. Néanmoins, il a le droit de dire que, malgré cette période, trop courte, quand il s'agit de faire de l'organisation, de réels prodiges ont été enregistrés.

En effet, c'est la première fois que nous nous présentons devant vous, avec des résultats aussi appréciables et une si grande puissance acquise.

Au lendemain du Congrès de Nevers, le Conseil Fédéral ayant à cœur de faire aboutir les décisions prises à ce Congrès, chargea son Secrétaire général de transmettre à M. le Ministre de l'agriculture la lettre suivante :

La Chapelle-Hugon, le 16 novembre 1903.

A Monsieur le Ministre de l'Agriculture,

Monsieur le Ministre,

En conformité des décisions prises au Congrès de Nevers, le 30 août 1903, par la Fédération bûcheronne, une délégation a été désignée et aurait pour mission de se rendre auprès de Monsieur le Ministre de l'agriculture pour lui exposer les revendications bûcheronnes qui ont été discutées dans l'assemblée.

En ma qualité de secrétaire général, faisant partie de la délégation, j'ai été chargé au nom de la Fédération, de vous demander de bien vouloir nous accorder une entrevue et de nous en fixer la date.

Nous comptons sur vous, Monsieur le Ministre, dans l'espoir que vous voudrez bien accueillir favorablement notre demande et fixer la date la plus proche possible.

Je vous prie d'agréer, Monsieur le Ministre, l'assurance de mes sentiments les plus distingués.

Pour la Fédération Nationale bûcheronne,
Le Secrétaire général,
VEUILLAT.

Le 4 décembre 1903, le Ministre de l'Agriculture répondait au Conseil Fédéral, en fixant l'audience demandée au 9 décembre 1903.

La délégation composée des camarades Quillent de la Confédération et Veuillat, secrétaire de la Fédération des Bûcherons, fut reçue par le Ministre. Comme nous pouvions le prévoir à l'avance, après l'exposé qui lui fut fait par les délégués de l'état actuel de la situation des travailleurs des bois et des champs et des réformes demandées par eux, le ministre promit satisfaction et déclara que, relativement à l'extension à l'agriculture et au travail forestier, de la loi du 9 Avril 1898 sur les accidents du travail, son concours était assuré et que certainement satisfaction nous serait donnée.

Le compte-rendu de cette démarche fut publié dans plusieurs journaux corporatifs et tiré à plusieurs centaines d'exemplaires qui furent distribués un peu partout.

Peu de temps après, le Conseil Fédéral reçut du ministre de l'Agriculture la lettre suivante :

RÉPUBLIQUE FRANÇAISE

Paris, le 18 Décembre 1603.

MINISTÈRE DE L'AGRICULTURE
Direction Générale
des
EAUX ET FORÊTS
Personnel

Monsieur,

Vous avez bien voulu appeler mon attention sur les vœux formulés dans le 2e Congrès de la Fédération Nationale des Syndicats de bûcherons de France, relativement à l'institution de retraites ouvrières, à la création des tribunaux de prud'hommes pour l'agriculture, à l'extension aux ouvriers agricoles des dispositions de la loi du 9 Avril 1898 sur les accidents du travail, à la fixation d'un tarif minimum pour le façonnage des bois, enfin à l'exploitation en régie des coupes des forêts domaniales.

J'ai l'honneur de vous faire connaître que j'examinerai les vœux dont il s'agit avec le vif désir de rechercher toutes les améliorations qu'il serait possible d'apporter à la situation de la classe ouvrière, si digne de sollicitude qui vit de la forêt.

Mais, en ce qui concerne la fixation d'un minimum de salaire, un examen approfondi de la question a fait reconnaître qu'il n'est pas possible d'y soumettre obligatoirement les adjudicataires de coupes des forêts demaniales. Une semblable mesure qui aurait pour effet d'empêcher l'acquéreur d'une coupe, de jouir librement de la chose vendue, serait en opposition avec les dispositions du code civil, qui reconnaissent au propriétaire le droit de disposer de sa chose de la manière la plus absolue.

D'autre part l'application de cette clause rencontrerait des obstacles d'ordre pratique. Les difficultés de l'exploitation des bois sont en effet extrêmement variables et les salaires en argent diffèrent d'autant plus, qu'ils sont tributaires d'autres facteurs tels que les délivrances en natures faites aux bûcherons par les adjudicataires. En outre, le marchand transforme le bois de sa coupe en produits extrêmement variés et le débit peut changer d'une année à l'autre suivant les commandes les plus diverses.

Dans ces conditions, il serait impossible d'établir des salaires minima.

Quant à la substitution du mode d'exploitation en régie à l'adjudication pour les coupes domaniales, l'expérience en a été tentée en 1892 dans le centre de la France.

L'exploitation en régie a entraîné pour le Trésor une diminution très importante de recettes sur le produit des coupes. La généralisation de cette manière de procéder, nécessiterait en outre une augmentation considérable de crédits.

Dans ces conditions, M. le Ministre des Finances ne donnerait certainement pas son adhésion à cette mesure qui diminuerait les recettes et aurait aussi pour effet d'augmenter les dépenses.

En ce qui concerne l'extension aux ouvriers agricoles des dispositions de la loi sur les accidents du travail, je suis heureux de vous donner l'assurance, qu'ainsi que j'en ai pris récemment l'engagement à la tribune de la Chambre des Députés, je ferai procéder à brève échéance à l'étude complète de la question, et que je me propose de déposer dans peu de temps un projet de loi sur l'assurance des ouvriers agricoles.

Je fais d'ailleurs prendre note aux dossiers législatifs concernant les matières qu'ils visent, des vœux formulés dans le 2º Congrès de la Fédération Nationale des Syndicats de bûcherons de France, notamment de celui qui a trait à la création de tribunaux de prud'hommes pour l'Agriculture.

Agréez Monsieur, l'assurance de ma considération très distinguée.

Le Ministre de l'Agriculture, Léon MOUGEOT.

Cette réponse ne donnant pas satisfaction aux démarches faites ni aux décisions du Congrès de Nevers, le Conseil fédéral dans sa séance du 17 Avril, décida de faire directement des démarches près des représentants des principaux centres forestiers. Des lettres furent adressées à un grand nombre de députés et de sénateurs pour leur demander d'appuyer les revendications des bûcherons. Elles étaient ainsi conçues,

La Chapelle-Hugon, 15 décembre 1903.

Monsieur le Député,

A la suite d'une entrevue avec M. le Ministre de l'Agriculture (*qui a eu lieu le 9 courant*) relative à l'application de la loi de 1898 sur les accidents du travail, aux travailleurs des bois et des champs, la Fédération Nationale des Bûcherons de France et des Colonies a décidé de s'adresser aux élus pour leur demander de déposer, le plus tôt possible, sur le bureau de la Chambre des députés un projet de loi qui aurait pour but de mettre les travailleurs de l'agriculture sous le manteau de cette loi.

Je dois vous dire également que faisant partie de la délégation qui s'est rendue au ministère, M. Mougeot a promis son concours pour aboutir le plus tôt possible au vote de la loi.

La Fédération Nationale qui compte près de 20.000 adhérents est décidée de mener une campagne ardente, dans le but d'obtenir satisfaction.

Daus l'espoir que vous voudrez bien être le porte parole des travailleurs des bois et des champs.

Recevez, Monsieur le député, l'assurance de mon entier dévouement.

VEUILLAT.
Secrétaire général de la Fédération.

Ces démarches ne furent pas inutiles puisque dans la séance du 7 juin 1904, la Chambre assimila les coupes et exploitations forestières aux chantiers de manutention et par ce fait, étendit aux bûcherons le bénéfice de la loi du 9 avril 1898 sur les accidents du travail.

Reste le Sénat, et de ce côté nous ne devrons pas nous endormir si nous voulons obtenir gain de cause.

Si minime que soit ce résultat, nous pouvons considérer cette parcelle de réforme comme étant le fruit d'un long et dur travail accompli par les travailleurs eux-mêmes ; nous pouvons dire accompli, car le Sénat, quelque soit son mauvais vouloir, n'osera pas reculer devant une si juste réforme — nous le croyons du moins — mais les bûcherons ne doivent pas s'endormir pour faire aboutir cette question, car les marchands de bois, eux, ne s'endorment pas pour essayer d'amener le Sénat à la rejeter.

Défrichements

Par lettres des 16 Décembre 1903, 6 Janvier 1904 et 7 Février 1904, le Conseil Fédéral signalait au Ministre de l'Agriculture les plaintes formulées par les Syndicats de La Guerche, Cuffy et régions voisines, à propos de déboisements qui s'effectuaient dans diverses propriétés sises sur le territoire de la commune de Cuffy.

Des réponses furent transmises au Conseil Fédéral *relatant que des instructions avaient été données au Service des Eaux et Forêts du Cher pour qu'il apporte la plus grande diligence à la recherche et à la constatation des délits de défrichements illicites, qui pourraient être commis dans la région.*

Office du Travail

Divers Syndicats ayant signalé au Conseil Fédéral que puisqu'il n'était tenu aucun compte des observations faites par eux sur les feuilles de renseignements mensuels adressées à l'Office du Travail, ils se refuseraient à l'avenir à fournir des renseignements à l'Office du Travail, le Conseil Fédéral se fit l'écho des plaintes des Syndicats près de l'Office du Travail.

A la date du 2 Juin 1904, le Secrétaire-général reçut la lettre suivante :

MINISTÈRE DU COMMERCE
DE L'INDUSTRIE
DES POSTES & DES TÉLÉGRAPHES

RÉPUBLIQUE FRANÇAISE

Direction du Travail

BUREAU

Paris, le 2 Juin 1904.

Monsieur le Secrétaire,

En énumérant les revendications que vous avez présentées

à plusieurs reprises au nom de votre Fédération vous ajoutez que si l'on continuait à considérer leurs réclamations comme nulles, vos syndicats se refuseraient à donner des renseignements à l'Office du Travail.

Permettez-moi de vous faire observer que l'Office du Travail a toujours tenu le plus grand compte des vœux qui ont été présentés au sujet de ces revendications dans les questionnaires qui lui ont été renvoyés par les divers syndicats de votre Fédération et que l'Office n'a jamais négligé de les transmettre aux services compétents.

J'ose donc espérer que vous voudrez bien contribuer comme par le passé, à fournir à l'Office du Travail des renseignements sur l'état et les conditions du travail dans votre corporation, afin que les pouvoirs publics et l'opinion publique puissent continuer à en prendre connaissance par la voie du Bulletin de l'Office du Travail.

Veuillez agréer, Monsieur le Secrétaire, l'assurance de ma considération la plus distinguée.

WICQUENARD,
Rédacteur en Chef
du Bulletin de l'Office du Travail.

Propagande

Notre action de propagande s'est étendue dans plusieurs départements, et a obtenu partout un réel succès. Dans le Cher, la Nièvre, l'Allier, l'Aube, le Loiret, la Vendée, etc., partout où le concours de la Fédération a été demandé. Le Conseil Fédéral s'est fait un devoir soit de fournir des renseignements utiles à la fondation et à la bonne marche des organisations syndicales, soit d'envoyer des délégués sur les lieux dans la mesure de ses moyens.

Aussi de nombreux syndicats ont été fondés et sont venus grossir le nombre de ceux qui étaient déjà rangés sous les plis du drapeau de notre Fédération.

Par contre, quelques-uns se sont exclus d'eux-mêmes en ne payant pas leurs cotisations. Ce sont : Yzeure dans l'Allier et Fontenailles dans l'Yonne.

Il nous est impossible de faire un exposé des motifs qui ont nécessité ces démissions. A plusieurs lettres demandant des renseignements sur la situation de ces syndicats, aucune réponse ne nous est parvenue.

Malgré ces quelques défections qui se sont produites, nous pouvons affirmer que notre Fédération est en bonne marche et nous pouvons même ajouter que les résultats ont dépassé nos espérances ; aussi nous en déclarons-nous très satisfait.

Au Congrès de Nevers 1903, 47 syndicats étaient adhérents à la Fédération. Au 1ᵉʳ août 1904, le chiffre s'élevait à 71. Parmi ces syndicats, 58 possèdent la marque confédérale. 40 seulement sont abonnés à la *Voix du Peuple*. Il est regrettable que le nombre d'abonnés à ce journal ne soit pas plus élevé, car il est du devoir des syndiqués de faire vivre cet organe qui rend de si grands services à la classe ouvrière et qui est avant tout un organe syndicaliste.

Bureaux de placement

Nous n'avons nullement besoin de faire un exposé de ce que fut l'énergique campagne menée par la Confédération Générale du Travail contre ces officines louches et anti-humanitaires qui ont nom de bureaux de placement.

Le Conseil Fédéral a considéré qu'il était de son devoir de contribuer moralement et pécuniairement à la suppression de ces officines.

Au lendemain du massacre du 29 octobre des ouvriers parisiens à la Bourse du Travail, il protesta énergiquement contre ce lâche crime policier d'assassinat qui venait d'être commis. Voici cette protestation :

FÉDÉRATION NATIONALE DES BUCHERONS DE FRANCE

A Monsieur le Ministre de l'Intérieur

11 Novembre 1903.

PROTESTATION

Le Conseil Fédéral, dans sa séance du 8 novembre dernier, après avoir examiné la situation qui est faite aux travailleurs victimes des bureaux de placement, s'associe énergiquement à la campagne dirigée par les organisations intéressées contre ces officines louches et anti-humanitaires.

Blâme les élus qui, quoique reconnaissant les infamies commises par les bureaux payants, n'ont pas osé voter leur suppression immédiate et leur ont accordé un délai de cinq ans avec indemnité.

Proteste violemment contre l'assassinat qui fut commis dans la journée du 29 octobre sur les ouvriers parisiens et contre l'envahissement par la police de la Bourse du Travail, domicile légal des travailleurs, et se solidarise avec les victimes.

Réclame la révocation immédiate du Préfet de police et laisse au Ministre de l'Intérieur toute la responsabilité du crime qu'il laissa commettre.

Décide de venir en aide aux camarades blessés par les brutes policières lors de l'envahissement de la Bourse du Travail et demande la mise en liberté des ouvriers arrêtés.

LE CONSEIL FÉDÉRAL.

Les bureaux de placement étant aujourd'hui en partie supprimés, nous pouvons nous féliciter des résultats obtenus, auxquels nous avons largement contribué en secondant la Confédération Générale du Travail dans sa propagande pour la suppression des bureaux de placement.

Grèves

Le Conseil Fédéral n'a eu, au cours de sa dernière gestion, aucune grève corporative bûcheronne à soutenir ; néanmoins, il aida pécuniairement dans leurs revendications les camarades tisseurs du Nord, dans la grève du Textile, pour l'application de la loi de dix heures, ainsi que les ouvriers agricoles du Midi dans leur noble tâche de levée en masse des forces prolétariennes rurales contre les manœuvres des grands propriétaires terriens. Le rôle du Conseil Fédéral était de faire acte de solidarité ; il ne faillit pas à son devoir.

Par contre, la Fédération bûcheronne fut assaillie en la personne de ses principaux membres par les propriétaires fonciers et exploitants de forêts coalisés.

De là surgit le fameux procès de *Tendance* des Bûcherons du Cher qui, pendant quatre jours consécutifs, retint sur les bancs des accusés les principaux membres des Syndicats de la région de La Guerche.

Des centaines de Bûcherons de cette contrée étaient venus le jour du procès, drapeaux rouges en tête, apporter leur témoignage et leur sympathie à leurs dévoués camarades accusés arbitrairement.

Malgré les nombreux témoins qui ont prouvé jusqu'à l'évidence que ces criminelles manœuvres étaient destinées à terroriser au profit du patronat les organisations ouvrières bûcheronnes, les magistrats réactionnaires ont affirmé une fois de plus leur haine envers les travailleurs en rendant un verdict sans nom.

Ces manœuvres louches avaient pour but de désorganiser cette contrée, où 90 pour cent des ouvriers sont syndiqués. La complaisance de la magistrature au service des gros propriétaires n'a eu d'autre effet que de resserrer plus étroitement encore les liens qui unissent les travailleurs bûcherons de nos régions.

Le Conseil Fédéral a cru bon de s'arrêter un peu sur ce point qui a une importance capitale, car il marquera, dans l'histoire prolétarienne bûcheronne, une date mémorable.

Voilà, camarades, très succinctement, rapporté ce qu'a fait en votre nom votre Conseil Fédéral depuis le Congrès des Bûcherons de Nevers jusqu'à ce jour.

En agissant ainsi qu'il l'a fait, votre Conseil Fédéral a cru fidèlement suivre la ligne de conduite que vous lui aviez tracée. En toute occasion, il s'est inspiré des décisions prises à vos précédents Congrès, et tous ses actes n'ont eu en vue que l'intérêt de la Fédération.

Il espère que vous approuverez sa conduite.

Pour le Conseil Fédéral :
Le Secrétaire Général, VEUILLAT.

Applaudissements prolongés.

Les Mandats

BONNIN Isidore, *Yonne*, rapporteur de la Commission de vérification des mandats, au nom de la Commission, fait connaître que 65 syndicats sont représentés au Congrès, répartis comme suit :

Allier, 3. — Aube, 1. — Cher, 35. — Haute-Marne, 1. — Indre, 2. — Jura, 1. — Loiret, 2. — Nièvre, 10 (dont 3 à eux seuls comptent 29 sections) Montaron, Trois-Vêvres et Chantenay-Saint-Imbert, ce qui représente 29 organisations pour ces 3 syndicats). — Seine, 1. — Yonne, 8. — Vendée, 1.

Une seule remarque est faite pour le mandat de Jouet-sur-l'Aubois, dont le secrétaire a omis d'apposer sa signature au bas.

La Commission conclue à la validation de tous les mandats.

Le Congrès, à l'unanimité, adopte le rapport de la Commission.

MAUGER déclare le Congrès régulièrement constitué.

Un délégué demande que les drapeaux de la Chapelle-Hugon, Cuffy, Chantenay-Saint-Imbert, apportés par les délégués de ces divers syndicats ornent l'estrade. Adopté.

Les rouges drapeaux sont déployés aux applaudissements de tous les délégués.

MAUGER demande s'il y a des délégués qui aient des objections à présenter au sujet du rapport dont le Secrétaire-général vient de donner lecture au nom du Conseil Fédéral.

Personne ne demandant la parole sur le rapport du Conseil Fédéral, le rapport est mis aux voix et adopté à l'unanimité.

Rapport du Comité de Contrôle

POUBEAU, de Lurcy-Lévy, membre du Comité de contrôle, en l'absence de LEGROS, de Nevers, retenu au dernier moment, présente le rapport du Comité de contrôle.

VEUILLAT, secrétaire-général, en donne lecture :

Les recettes provenant des cotisations versées par les organisations adhérentes à la Fédération, se sont élevées pour les 4 trimestres écoulés depuis le dernier Congrès à 2.408.90, savoir :

472 fr. 95 pendant		le 3° trimestre	1904
646 fr. 90	—	le 4°	—	1903
469 fr. 94	—	le 1°	—	1904
819 fr. 10	—	le 2°	—	1904

Ensemble   2.408 fr. 10
            846 fr. 25   restaient en caisse au 30 juin 1903

Soit . . . . 3.255 fr. 15   dont le Trésorier est comptable.

Les dépenses justifiées par les pièces de dépenses qui nous ont été présentées, se sont élevées à 1.488 fr. 84, dont :

288. fr. 40 pendant le 3° trimestre 1903
573. fr. 15   —   le 4° trimestre 1903
260. fr. 40   —   le 1° trimestre 1904
366. fr. 90   —   le 2° trimestre 1904

Ensemble   1.488 fr. 85
    se décomposant ainsi :

1° Frais de déplacement et de délégation et de propagande	430. fr. 70
1° Fournitures, imprimés, correspondances	351 fr. 60
3° Secours de grèves	50 fr. 50
4° Frais de déplacement des membres du Conseil Fédéral	142 fr. 65
5° Allocation au Secrétaire général et au et au trésorier général	300 fr. 00
6° Cotisations payées à la Confédération générale du travail	211 fr. 00
7° Dépenses diverses	2 fr. 60
Ensemble des dépenses	1.488 fr. 85

BALANCE

Recettes.	3.255 15
Dépenses	1.488 85
Reste en caisse.	1.766 30

dont 1200 francs sont placés à la Caisse d'épargne.

Il y a lieu de tenir compte, en outre, qu'un certain nombre de syndicats restent débiteurs envers la Fédération de diverses sommes dout ils ne manqueront pas de se libérer au plus tôt.

En résumé, la situation financière est bonne, toutes les justifications ont été tenues à la disposition du Comité de Contrôle qui ne peut que féliciter le Conseil Fédéral de la façon dont est administrée la Fédération.

La Commission de contrôle vous propose donc de donner à ces comptes votre entière approbation.

Le Rapporteur : POUBEAU.

MAUGER demande si quelqu'un a des observations à présenter au sujet du rapport qui vient d'être lu.

Personne ne demandant la parole, les conclusions du rapport et les comptes des recettes et dépenses qui en font l'objet sont mis aux voix et adoptés à l'unanimité.

Décharge est donnée au trésorier général de sa gestion pendant les 4 trimestres écoulés.

Bénéfice du Tarif réduit sur les Chemins de fer aux Travailleurs délégués aux Assises du Travail

est mise en discussion.

MAUGER donne lecture du n° 27 du journal Le Bois, organe des Marchands de Bois, en date du 2 Juillet 1904, où il est dit :

Rappelons que dans le but de contribuer au succès du Congrès des Marchends de Bois de l'Est, tenu à Nancy le 7 juillet 1904, la Compagnie de l'Est *a bien voulu accorder des billets de toutes classes à demi-tarif* pour les Congressistes isolés ou groupés.

Il semble juste, dit MAUGER, qu'on réclame des compagnies le même traitement pour les ouvriers qui se rendent aux Congrès ouvriers.

VEUILLAT, *Secrétaire-général*, indique que c'est la raison qui a amené le Conseil Fédéral à inscrire cette question à l'ordre du jour du Congrès.

MICHON (Bourse du Travail de Bourges, Cher) signale qu'une démarche a été faite près des Compagnies de Chemins de fer en vue d'obtenir une réduction en faveur des délégués ouvriers se rendant au Congrès Corporatif de Bourges.

Toutes les Compagnies, Etat compris, ont refusé, seule la Compagnie du Nord a consenti à prolonger les billets aller et retour sans supplément.

DUBOIS (Nièvre) *propose : Que tout délégué qui se rendra à des assises du travail puisse obtenir le quart de place à l'aller et au retour sur les Chemins de fer sur la production de son livret de syndiqué et de son mandat de délégué.*

GOUNET (Nièvre) signale que cette proposition a déjà été faite par le camarade Ville, de Chantenay-Saint-Imbert, au Congrès de Nevers.

MAUGER, *Président*, indique que depuis s'est produit ce fait nouveau d'une Compagnie de Chemins de fer accordant à des Marchands de bois, à l'occasion d'un Congrès, des réductions de demi-place pour se rendre à ce Congrès et que les ouvriers bûcherons ont droit d'exiger le même traitement que celui qui est accordé aux Marchands de bois.

La proposition Dubois est adoptée avec cette addition : *Mandat est donné au Conseil Fédéral de saisir de la question le Ministre des Travaux Publics et de communiquer la réponse qui sera faite à tous les Syndicats adhérents à la Fédération.*

Moyens à employer pour amener l'État à traiter directement avec les organisations syndicales pour les coupes de bois de l'État

VEUILLAT. — Saisi de la question de l'essai de mise en régie directe par la délégation envoyée près de lui à la suite du Congrès de Nevers, le Ministre de l'Agriculture, par lettre du 18 décembre 1903, a répondu au Conseil Fédéral :

Quant à la substitution du mode d'exploitation en régie à

l'adjudication pour les coupes domaniales, l'expérience en a été tentée en 1892 dans la région du centre de la France.

L'exploitation en régie a entraîné pour le Trésor une diminution très importante de recettes sur le produit des coupes.

La généralisation de cette manière de procéder nécessiterait en outre une augmentation considérable de crédits.

Dans ces conditions, M. le Ministre des finances ne donnerait certainement pas son adhésion à cette mesure qui diminuerait les recettes et aurait aussi pour effet d'augmenter les dépenses.

Cette réponse était une fin de non-recevoir que ne pouvait admettre le Conseil Fédéral. Aussi a-t-il jugé utile d'inscrire à nouveau cette question à l'ordre du jour du Congrès.

GOUNET (Nièvre). demande au Président, qui, ajoute-t-il est plus à la hauteur, comment on peut résoudre cette question.

MAUGER, *Président.* — Si les délégués n'y voient aucun inconvénient, je préférerais parler après les divers orateurs qui se sont inscrits pour cette question.

GRIFFUELHES, *Confédération Générale du Travail.* — La question qui figure à l'ordre du jour a déjà fait l'objet d'une longue discussion au Congrès de Nevers et a donné lieu à différentes propositions.

Il serait utile peut-être de donner lecture de la partie du compte-rendu du Congrès de Nevers relatant cette discussion.

MAUGER, *Président,* lit dans la brochure du Congrès de Nevers la partie relative à la 5ᵉ question et l'ordre du jour qui fut voté, déposé par Roblin et Mauger, ainsi conçu : *La délégation qui se rendra auprès du Ministre demandera que l'Etat renouvelle le plus tôt possible l'essai de l'exploitation directe pour la façon des bois domaniaux.*

GRIFFUELHES, se reportant aux discussions qui déjà ont eu lieu sur cette question au Congrès de Nevers, insiste sur l'avantage que trouverait l'Etat à confier directement l'exploitation de ses coupes de bois aux ouvriers syndiqués.

MERLIN, Saint-Sauveur (Yonne), l'interrompt en disant que les forêts n'étant pas partout domaniales il faudrait aussi amener les propriétaires à suivre cet exemple.

GRIFFUELHES. — L'Etat supprimerait un intermédiaire, le Marchand de bois, qui prélève de gros bénéfices, dont une partie irait aux ouvriers et l'autre dans les caisses de l'Etat.

Il faut montrer que cette façon d'opérer est possible qu'elle peut donner de bons résultats, venir avec des renseignements précis, puis indiquer qu'on ne se contentera plus de démarches platoniques, mais qu'on est décidé à agir. Quand l'Etat verra que ses coupes ne seront pas coupées, il cèdera.

Ce ne sont ni les Ministres, ni les Marchands de bois, ni les Conservateurs des forêts qui seront capables de faire le travail eux-mêmes.

Il ne faut pas seulement se contenter d'accepter en principe les décisions prises au Congrès et les croire efficaces parce qu'elles restent dans les compte-rendus des Congrès, mais faire passer les faits dans le domaine de la réalité et dire : A tel moment, après une propagande suffisante pour expliquer et faire comprendre le but que nous voulons atteindre, si l'Etat se refuse à nous donner satisfaction on ne coupera plus ses bois.

Il ne s'agit pas aujourd'hui de fixer le jour ni l'époque, mais de préciser la propagande que fera le Comité Fédéral.

Faites comme les autres ouvriers. Voyez ce qu'ont fait les camarades du Midi.

RACOT, Nolay (Nièvre), PIFFAUT, Faverelles (Loiret), demandent au cas où le Syndicat entreprendra l'exploitation des bois de l'Etat, s'il vendra lui-même les bois exploités. Aujourd'hui, disent-ils, c'est le Marchand de bois qui donne des ordres pour le façonnage de la coupe.

MAUGER. — La question est très délicate et a besoin d'être étudiée.

Il faudrait en effet, déterminer qui sera le vendeur ou le distributeur du bois façonné, qui indiquera, suivant la nature du bois, la façon qui peu lui convenir.

Selon la nature du bois et les besoins, le Marchand de bois fait de la planche, des traverses, du bois à brûler, du bois à ouvrer, etc., etc. L'exploitation directe rendra la question plus complexe.

Il faut, ou que le Syndicat soit l'exploitant et le vendeur, ou que l'Etat vendeur détermine la nature du façonnage d'après les besoins généraux et invite au préalable les acheteurs à spécifier ces besoins.

PIFFAULT (Loiret). — Si l'Etat peut ou veut écouler ses produits la tranquilité pour le syndicat sera plus grande.

DUBOIS (Nièvre), voudrait que le Syndicat ne soit en quoi que ce soit responsable de la marchandise.

L'Etat indique les façons qu'il désire, le Syndicat fait ses prix. Le Syndicat n'a à s'occuper que d'obtenir les prix demandés.

Que l'Etat vende son bois ou le brûle, peu nous importe.

RACOT. — Nous sommes d'accord ; une fois entendus, on recevra au travail tous les ouvriers syndiqués voisins.

MAUGER, *Président*. — La question se pose ainsi :

Y a-t-il intérêt à ce que l'Etat donne l'exploitation de ses bois directement aux Syndicats ? Si oui, quels moyens emploiera le Syndicat pour amener l'Etat à le faire ?

Dubois. — Il faut que le Syndicat essaye s'il a bénéfice à vendre lui-même les bois.

Griffuelhes. — Il y a confusion dans l'esprit du camarade. Je n'ai pas dit que le Syndicat devait être commerçant, mais qu'il doit être façonnier, suivant les indications que lui fournira l'Etat, son patron.

L'Etat peut vendre ses produits comme bon lui semblera, il vend bien le tabac.

Le Syndicat peut traiter avec l'Etat dans les mêmes conditions qu'il traite aujourd'hui avec les Marchands de bois. Tout en payant même un salaire plus élevé aux Syndicats, l'Etat y gagnera car il supprime ainsi un intermédiaire.

D'où, pour le Syndicat, un double avantage : salaire plus élevé, débarras du patron et de la surveillance du commis.

Monot, La Guerche (Cher). — Si la mise en régie directe présente trop de difficultés pour nous, il nous serait indifférent d'avoir affaire à l'Etat ou au marchand de bois, pourvu que l'Etat impose dans les cahiers des charges d'adjudication les conditions du travail au marchand de bois.

A ce moment de la discussion un congressiste fait observer au Président qu'il est midi et demande la remise de la discussion à la séance de l'après-midi.

On décide de se réunir à deux heures.

La première séance est levée à midi et quart.

Les Congressistes se réunissent au premier, dans une vaste salle du Salon des Charmilles, où un banquet fraternel a lieu, auquel assistent des camarades d'Auxerre et des environs.

Les rouges drapeaux des organisations ouvrières flottent au vent aux fenêtres de la salle du banquet que préside le camarade Gautrat, de Niherne (Indre), doyen des délégués.

Deuxième Séance

La deuxième séance est ouverte à 2 heures.

Mauger invite le Congrès à renouveler son bureau.

A l'unanimité le Congrès décide de maintenir en fonctions le bureau nommé à la séance du matin.

MAUGER, *Président*, en quelques mots remercie le Congrès. Il rappelle que la question en discussion est celle de l'exploitation des bois de l'Etat directement par les syndicats ouvriers. Il résume les débats du matin et indique que la meilleure solution serait de charger le Bureau Fédéral d'étudier sérieusement la question en s'inspirant des décisions du Congrès de Nevers et de faire tout le nécessaire pour amener l'Etat à consentir à donner à titre d'expérience une partie de forêt à exploiter directement aux syndicats.

Le Ministre de l'Agriculture, déjà pressenti sur cette question, a prétexté que la généralisation de la mesure nécessiterait une augmentation considérable de crédits.

Cet argument n'a aucune valeur. En supposant qu'il faille avancer quelques centaines de mille francs, ce ne serait en tout cas qu'une avance qui sûrement procurerait un bénéfice à l'Etat. Ce serait une avance productive.

On n'y regarde pas de si près quand il s'agit de dépenses de guerre qui sont des avances d'argent inutiles et improductives.

MICHON, (Bourse du Travail de Bourges). — J'entends des camarades dire qu'il faudrait indiquer des débouchés à l'Etat pour le placement de ses bois. L'Etat peut trouver ces débouchés dans ses administrations, dans ses hospices, dans ses ateliers, dans ses chantiers de construction de navires, etc., etc. Au lieu de recourir à des adjudicataires, il utilisera ses bois.

DUPONT (Yonne). — Si nous chargeons l'Etat de faire le métier de marchand de bois, nous n'obtiendrons rien du tout ; nous devons demander seulement l'insertion dans les cahiers des charges de l'obligation pour les marchands de bois de s'adresser aux syndicats pour faire exploiter les coupes.

SIMON (Yonne). — Chez nous, les bois sont vendus en Octobre et Novembre, on établit les prix à l'avance et on les envoie aux marchands de bois. On peut de même imposer les prix à l'Etat.

MAUGER, *Président*. — La question que soulèvent les deux camarades pourra, si le Congrès le juge nécessaire, être discutée tout à l'heure, mais la question en discussion est celle de la régie directe, il convient de trancher cette question avant d'entamer une autre discussion.

L'Etat, comme vient de le dire le camarade Michon, emploie pour son usage particulier une énorme quantité de bois, soit pour le chauffage des établissements publics, soit pour les besoins de ses chantiers et ateliers, qu'il achète en adjudication majorée du bénéfice du marchand de bois.

Rien ne lui empêche, dans certaines régions, de faire

exploiter directement par les syndicats ouvriers, les bois qui lui sont nécessaires.

L'expérience ne peut que procurer un bénéfice : à ce titre elle mérite d'être tentée. Il convient donc de prendre une décision ferme, aux termes de laquelle le Bureau Fédéral sera invité à tenter une nouvelle démarche près du Ministre de l'Agriculture, en vue d'obtenir qu'une expérience soit faite et qu'on confie l'exploitation directe des bois domaniaux aux syndicats ouvriers.

GOUNET (Nièvre). — Quand les mineurs ont voulu réduire à 8 heures la journée de travail, ils ont dû donner des preuves qu'ils pourraient obtenir autant de travail utile en 8 heures qu'en 11 heures, faisons de même pour les bois.

Le Bureau Fédéral peut apprécier ce que représente une coupe exploitée comparativement au prix d'achat et montrer à l'Etat le bénéfice qu'il aurait en traitant directement avec les syndicats bûcherons.

Le Congrès adopte la motion suivante :

Le Bureau Fédéral est invité à tenter une nouvelle démarche près du Ministre de l'Agriculture en vue d'obtenir qu'une expérience soit faite et qu'on confie l'exploitation des bois domaniaux aux syndicats ouvriers.

Le Bureau Fédéral s'entourera de tous les renseignements nécessaires pour démontrer que l'Etat trouverait un avantage à agir ainsi.

Les Clauses de garanties dans les Cahiers des charges

A la demande d'un grand nombre de délégués et bien qu'elle ne fut pas portée à l'ordre du jour, le Congrès décide de mettre en discussion la question de *l'Insertion dans les cahiers des charges des adjudications ou ventes de coupes de bois appartenant soit à l'Etat, soit aux Communes ou aux Etablissements hospitaliers, de clauses garantissant les conditions de travail* des bûcherons appelés à exploiter ces bois, celle en un mot de l'application des décrets du 10 Août 1899 aux travailleurs des Bois.

MAUGER. — Cette question est déjà ancienne. En 1892 elle a été soulevée dans les organisations bûcheronnes, elle fut reprise au Congrès de la première Fédération bûcheronne à Meillant (Cher) et donna lieu à un projet de loi qui fut déposé le 10 Mars 1893, au Sénat, par M. Girault, Sénateur du Cher.

Dans la séance du Sénat du 21 Décembre 1891, au moment des grèves bûcheronnes, le Ministre de l'Agriculture répondant à l'interpellation de M. Girault, après avoir reconnu qu'il n'y avait pas de situation plus digne de pitié que celle des ouvriers bûcherons qui, lorsque les rigueurs du temps ne les condamnent pas au chômage forcé, gagnent, disait-il, 75 centimes par jour, ajoutait : « M. Girault nous demande que les agents de l'administration interviennent, ils l'ont déjà fait. Nous souhaitons tous que l'entente puisse s'établir ; mais nous *sommes absolument désarmés*. Nos agents ne peuvent intervenir qu'avec la plus grande circonspection, car enfin, leur avis peuvent être dédaignés et leur autorité méconnue. »

Dans l'exposé des motifs de son projet de loi, M. Girault, s'inspirant de l'aveu d'impuissance du Ministre de l'Agriculture, constatait la misère engendrée par les grèves qui se succédaient depuis quelque temps et qui conduisaient d'honnêtes ouvriers en prison, rigoureusement poursuivis, disait-il, *par certaines autorités locales, plus disposées à faire du zèle que capables de bien comprendre la situation des ouvriers bûcherons et de l'atténuer dans la mesure du possible.* Il continuait :

Si en présence de cet état de choses, on se reporte à la situation de la propriété forestière, aux règles particulières auxquelles elle est soumise, il est facile de comprendre qu'il existe une certaine anomalie dans le système en vigueur ; qu'en faisant cesser cette anomalie, travailleurs et commerçants y trouveraient leur compte, et que la situation désastreuse qui existe pourrait cesser du jour au lendemain.

D'après les lois en vigueur, l'administration des forêts gère seule et comme elle l'entend toute la propriété forestière soumise au régime forestier, aussi bien celle des communes, des établissements hospitaliers, des départements que celle de l'Etat.

La garde et l'aménagement des bois et forêts sont sous sa direction spéciale ; en général, elle désigne les coupes qui doivent être vendues, les estime et procède à leur adjudication.

Le propriétaire soumis au régime forestier profite du produit de sa propriété, mais il ne peut la gérer lui-même.

Cette situation exceptionnelle, si elle est maintenue doit être complétée et l'axiome qui dit : *qui peut plus, peu moins* est absolument applicable en la circonstance.

Ce qui établit ce fait, que *si le service forestier estime le produit de la forêt, il peut et doit estimer le travail nécessaire à l'exploitation de ce produit.*

Suivait le projet de loi qui :

En son article premier, *Ajoutait aux pouvoirs du service forestier le droit de régler et d'estimer les travaux qui s'exécutent en forêt.*

En son article 3 spécifiait : *Que l'estimation des travaux forestiers ainsi que les conditions d'exploitation seraient faites par le service des forêts, en se basant :*
1º Pour le travail des bûcherons et travaux similaires à l'époque (1893) sur une journée moyenne de 2 francs ;
2º Pour les autres travaux exigeant soit un outillage, soit

des connaissances spéciales, sur une journée moyenne de 3 à 5 francs suivant les difficultés du travail.

Exigeant de plus, que ces conditions de mise en vente ainsi que les estimations faites par les syndicats ouvriers, *soient annexés aux cahiers des charges d'adjudication ;*

En son article 5, prévoyait le mode de règlement des litiges.

En son article 8, *indiquait qu'aucun ouvrier ne pourrait être exclu du travail sans le consentement du syndicat ;*

Et enfin en son article 10, *contenait une pénalité* (amende de *50 francs par ouvrier) contre tout exploitant occupant des ouvriers à un prix inférieur à ceux fixés d'après les règles établies de par les articles 3 et 5,*

C'était l'obligation, pour le service forestier d'insérer les conditions du travail réclamées par les syndicats, non seulement dans les cahiers des charges des adjudications publiques ; mais même d'exiger l'insertion de ces conditions du travail dans les *cahiers des charges des adjudications ou aux ventes de bois faites par les propriétaires.*

Malheureusement, ce projet de loi n'eut jamais les honneurs de la discussion, et il resta si profondément enfoui dans les cartons que, lors de la discussion du régime forestier applicable à l'Algérie, il n'en put sortir.

Mais depuis 1893, des faits nouveaux se sont produits. Un décret a paru, le 10 août 1899, qui n'existait pas à l'époque. Ce décret spécifie en son article premier : que les cahiers des charges des marchés de travaux publics ou fournitures passées au nom de l'État par adjudication ou de gré à gré devront contenir des clauses par lesquelles l'entrepreneur s'engagera à observer les conditions suivantes *en ce qui concerne la main-d'œuvre de ces travaux,* et fournitures *dans les chantiers* ou ateliers organisés ou fonctionnant en vue de l'adjudication ou du marché. Et au nombre des clauses se trouve l'obligation faite à l'entrepreneur de *payer aux ouvriers un salaire normal égal pour chaque profession,* et, dans chaque profession pour chaque catégorie d'ouvriers, au taux couramment appliqué dans la ville ou la région où le travail est exécuté.

Les bûcherons estiment que ce décret peut être applicable dans les adjudications publiques des bois domaniaux. Le ministre dit non, et pour justifier ses dires, il répond :

Mais en ce qui concerne la fixation d'un minimum de salaire, un examen approfondi de la question a fait reconnaître qu'il n'est pas possible d'y soumettre obligatoirement les adjudicataires de coupes des forêts domaniales. Une semblable mesure, qui aurait pour effet d'empêcher l'acquéreur d'une coupe de jouir librement de la chose vendue, serait en opposition avec les dispositions du Code civil, qui reconnaissent au propriétaire le droit de disposer de sa chose de la manière la plus absolue.

D'autre part, l'application de cette close rencontrerait des obstacles d'ordre pratique. Les difficultés de l'exploitation des bois sont, en effet, extrêmement variables et les salaires en argent diffèrent d'autant plus qu'ils sont tributaires d'autres facteurs, tel que les délivrances en nature faites aux bûcherons par les adjudicataires. En outre, le marchand transforme le bois de sa coupe en produits extrêmement variés et le débit peut changer d'une année à l'autre suivant les commandes les plus diverses.

Dans ces conditions, il serait impossible d'établir des salaires minima.

(Lettre du 18 décembre 1903.)

Cette réponse est en contradiction avec les faits. Dans le Cher et dans nombre de régions, à la veille de chaque adjudication publique ou privée, les bûcherons dressent les conditions d'exploitation du travail et les prix par nature de travail pour chaque coupe mise en vente, soit par l'Etat, soit par les particuliers. Ces prix sont établis en tenant compte des délivrances en nature, suivant les coutumes de chaque région ; ils sont affichés dans les communes, envoyés aux marchands de bois, qui se basent sur ces conditions d'exploitation pour faire leurs achats et traitent ensuite avec les intéressés. Cela n'empêche en rien la vente des bois.

Quel inconvénient pourrait-il y avoir à ce que l'Etat introduise ces conditions de travail dans son cahier des charges ?

Le ministre dit que cette mesure qui aurait pour effet d'empêcher l'acquéreur d'une coupe de jouir librement de la chose vendue serait en opposition avec les dispositions du Code civil qui reconnaissent au propriétaire le droit de disposer de sa chose de la manière la plus absolue.

Mais nul n'a jamais songé à empêcher l'acquéreur de jouir du produit de son acquisition. Cependant, en l'espèce, la chose vendue se compose de deux éléments : la matière marchandise et la matière travail, nécessaire pour exploiter cette marchandise et la rendre vendable. Or, si nous reconnaissons, avec le Ministre, au marchand de bois le droit de disposer du bois qui lui a été vendu comme il l'entendra, c'est-à-dire de le débiter en planches, bois de feu, bois à charbon, etc., etc., nous ne pouvons pas admettre avec lui, que l'Etat lui concède le droit d'exploiter à son gré le travail salaire de l'ouvrier, indispensable pour convertir ce bois sur pied en planches, bois à charbon, bois à brûler, etc., etc. Et c'est pour garantir l'ouvrier bûcheron contre cette exploitation de la « matière travail » que les syndicats bûcherons lui demandent d'introduire dans les cahiers des charges des adjudications de ses bois les conditions du travail ou plutôt de déclarer que si l'Etat entend vendre au marchand de bois la matière première qui s'appelle le bois, en lui en laissant la libre disposition, il n'entend pas lui vendre en même temps le droit d'exploiter à son gré la « matière travail » qui devra amener ce bois à l'état de marchandise vendable, quelle que soit la variété des produits de l'exploitation.

Dans ses estimations l'Etat est obligé de tenir compte de ces deux facteurs, travail et marchandises ; pourquoi l'administration des forêts n'en tient-elle pas compte dans ses cahiers des charges.

Qu'on ne vienne pas invoquer qu'il y a impossibilité à défendre le salaire des bûcherons contre les exigences des marchands de bois, adjudicataires de coupes, quand on oblige bien un entrepreneur de travaux publics à observer les conditions de travail fixées pour le menuisier, le maçon, le terrassier, employés par lui dans une entreprise publique.

Qu'on dise plutôt que si on ne le fait pas, c'est parce qu'on ne le veut pas. J'aime mieux la franchise de ce Ministre avouant qu'un pareil système, s'il était adopté par l'Etat, gênerait énormément l'exploitation des propriétés privées, que les faux-fuyants invoqués par son administration pour se dispenser d'appliquer la mesure.

L'Etat doit prêcher d'exemple.

Il faut exiger qu'il insère les conditions du travail dans les cahiers des charges de l'adjudication de ses bois. Il le peut. Ce faisant, il évitera les conflits qui, chaque année, se soulèvent lors de l'exploitation des bois, et l'influence de cette mesure aura son contre-coup dans les contrats concernant l'exploitation des bois des particuliers.

Plusieurs délégués parlent dans le même sens.

Le Congrès décide qu'une nouvelle démarche devra être faite près du ministre de l'Agriculture pour demander qu'on insère les conditions du travail, conformément au décret du 10 Août 1899, dans les cahiers des charges des adjudications des bois domaniaux en prenant pour base les traités passés avec les marchands de bois par les syndicats de bûcherons.

MAUGER. — Récemment à propos de la constitution des Comités mixtes, chargés de donner leur avis sur les questions que peuvent comporter les conditions du travail en application du décret du 10 Août 1899, une circulaire a été envoyée aux syndicats ouvriers.

Nous avons constaté que les syndicats de carriers, de terrassiers, figuraient dans la nomenclature des professions pouvant donner lieu à l'application du décret et que les bûcherons n'y figuraient pas.

Cette lacune doit être comblée.

VEUILLAT. — Il ne faut pas de décision platonique ; si cette fois on ne nous donne pas satisfaction, il faut bloquer les coupes.

Quand nous parlons aux particuliers de nos conditions de travail, ils nous répondent : Aimables farceurs, l'Etat qui est un grand patron forestier ne fait rien, pourquoi ferions-nous plus que lui. Que l'Etat commence, nous le suivrons.

Comme sanction à ce qui vient d'être dit, je propose de reprendre la motion du Congrès de Nevers, ainsi conçue :

Chaque syndicat mettra en demeure les conseillers municipaux, les Conseillers généraux, les Députés, les Sénateurs de leur département, les Ministres, de faire aboutir dès la rentrée les vœux émis par le Congrès des bûcherons sur la modification du cahier des charges pour l'exploitation des biens domaniaux et communaux. Si l'Etat n'accepte pas les revendications bûcheronnes, les syndicats s'engagent à bloquer les coupes.

La proposition Veuillat est adoptée.

Un Délégué fait observer que les bois des propriétaires sont mal tenus et que si l'administration des forêts faisait son devoir, le travail dans les campagnes serait plus abondant et la production y gagnerait. Mais, dit-il, les propriétaires des forêts donnent aux fonctionnaires des forêts le droit de chasse à courre, à cors et à cris, et souvent ils hébergent ces messieurs, qui ferment les yeux.

Les Ouvriers Prud'hommes.

Le Congrès est unanime à réclamer l'extension de la prud'homie aux bûcherons et aux travailleurs agricoles. Une preuve, dit un délégué, de l'utilité de la création de tribunaux professionnels, c'est l'ignorance dont a fait preuve le tribunal de Saint-Amand, lors du procès des bûcherons. D'une coutume professionnelle en usage chaque jour, le ministère public avait fait tout un plat, et vu là, une entente concertée en vue de se porter sur un point déterminé de la forêt.

Il s'agissait, en l'espèce, d'une sonnerie de clairon dont se servent les bûcherons, dans certaines régions, pour annoncer l'heure du commencement et de la cessation du travail.

Accidents du Travail.

A la suite des démarches des bûcherons relatées plus haut, la Chambre ayant admis l'extension de la loi du 9 Avril 1898 aux exploitations forestières, les délégués craignent que les marchands de bois ne cherchent à se soustraire à cette obligation en en faisant retomber le poids sur les syndicats, sous prétexte qu'il est d'usage que le travail s'effectue dans les bois plutôt à l'entreprise qu'à la journée. Ils redoutent une fausse interprétation des textes, qui gagneraient à être plus clairs.

Ils se demandent si l'élagage, l'ébranchage, l'étêtage et l'abattage des arbres, qui sont des travaux où les accidents sont fréquents, seront considérés comme travaux forestiers, quand ils seront effectués pour le compte des propriétaires sur des arbres isolés dans les propriétés autres que les bois ou les forêts.

A leur avis, tous ces travaux sont des travaux forestiers et le bûcheron doit être garanti des accidents qui pourraient lui survenir au cours de leur exécution. Le mieux serait d'insérer dans la loi un texte qui ne prête de ce côté à aucune ambiguïté, en précisant : que la garantie d'accident porte sur tous les travaux d'entreprise individuelle ou collective faits en forêt au compte des propriétaires ou marchands de bois, ainsi que sur tous les travaux d'étêtage, d'abattage, d'élagage, d'ébranchage, effectués sur des arbres isolés au compte de tiers dans les propriétés autres que les bois et forêts.

Le Comité fédéral est chargé de faire toute diligence à ce sujet près des membres du Sénat pour que ces décisions reçoivent leur effet.

En outre, afin de se mettre en garde contre toute surprise en vue des prochaines exploitations, Lafont et Veuillat sont chargés, de concert avec le Conseil judiciaire de la *Confédération générale du Travail*, de faire toute diligence pour arrêter un modèle de contrat collectif de travail, rédigé de façon à ce que l'accident du travail reste en toute occasion à la charge du marchand de bois ou du propriétaire. Ce modèle sera envoyé à tous les syndicats adhérents à la Fédération dans le plus bref délai possible.

Le Congrès adopte l'ordre du jour suivant proposé par Veuillat, Godard, Bonin et Mauger :

Le Congrès, considérant que les bûcherons sont aussi, à certaines époques de l'année, des ouvriers agricoles, qu'à ce titre ils ne se trouvent en aucune façon garantis contre les accidents dont ils peuvent être victimes, soit dans leur travail, soit à l'occasion de leur travail,

Réclame l'extension de la loi sur les accidents du travail, non seulement aux bûcherons, mais à tous les travailleurs de la terre sans exception.

Désignation des lieu et date du prochain Congrès

MAUGER invite le Congrès à décider la ville où se tiendra le prochain Congrès en 1905 et à en fixer la date.

Le Congrès décide que le prochain Congrès se tiendra à La Guerche (Cher), siège social de la Fédération et point central·

Le Comité Fédéral sera chargé d'en fixer la date.

Fixation du Siège Social

Le siège social pour 1905 est maintenu à La Guerche (Cher).

Renouvellement du Conseil Fédéral

Sont nommés :
Secrétaire-général : VEUILLAT (La Chapelle-Hugon).
Secrétaire-adjoint : FREBAULT (La Guerche).
Trésorier : DEVEISSIÈRE (La Chapelle-Hugon).
Trésorier-adjoint : MOUILLERON (Germigny).
Archiviste : DELOIRE (Cuffy).
Assesseurs : GAUDRY. (Sancergues), PENET (La Guerche).

Renouvellement de la Commission de Contrôle

Sont nommés :
REGNAULT (Mornay-sur-Allier), VILLE (Chantenay-Saint-Imbert), LEGROS (Nevers), POUBAULT (Saint-Plaisir), MONOT (La Guerche), en remplacement de Buéguet.

Le Congrès décide, en raison du travail que nécessite l'extension de la Fédération, de porter à 40 francs par mois le traitement du Secrétaire-général, à dater du Congrès.

Il donne mandat au Conseil Fédéral d'augmenter ce traitement de 10 francs par mois, s'il le juge nécessaire, dans l'intérêt de la bonne marche de la Fédération.

QUESTIONS DIVERSES

Congrès de Bourges

VEUILLAT rappelle que le 14e Congrès corporatif de la Confédération générale du travail va se tenir à Bourges. Il compte que les organisations bûcheronnes tiendront à honneur d'y être représentées.

MICHON (Cher) insiste pour que tous les syndicats au Congrès d'Auxerre envoient leur adhésion au Congrès de Bourges.

GRIFFUELHES développe les questions à l'ordre du jour de ce Congrès. Il indique qu'alors que dans les Congrès Fédéraux on traite surtout des questions intéressant les travailleurs de la corporation, dans les Congrès corporatifs on s'occupe avant tout et surtout des questions d'ordre général intéressant tous les travailleurs dans leur ensemble.

Il fait connaître qu'au Congrès tenu récemment par les travailleurs agricoles du Midi, il a été décidé que les délégués des travailleurs agricoles viendraient au Congrès de Bourges. Il espère que les bûcherons se décideront également à envoyer des délégués. C'est la première fois qu'un Congrès corporatif comptera dans son sein des éléments agricoles et bûcherons.

BONIN (Yonne) propose que le Congrès décide d'envoyer une délégation au Congrès de Bourges et désigne les délégués qui devront représenter la Fédération bûcheronne. Les syndicats qui ne pourraient pas envoyer de délégués pourraient confier leur mandat aux camarades délégués par le Congrès. — Adopté.

BONIN (Yonne) propose également de porter à 3 le chiffre des délégués qui devront représenter la Fédération au Congrès de Bourges. — Adopté. Il propose les noms des camarades Veuillat, Deveissières et Mauger. A l'unanimité, le Congrès désigne ces 3 camarades pour représenter la Fédération au Congrès de Bourges.

Le Congrès décide en outre que les frais de séjour des 3 délégués désignés par le Congrès seront supportés par la Fédération et prélevés sur la caisse fédérale.

MAUGER insiste pour qu'en rentrant, les délégués fassent le nécessaire près de leurs organisations pour qu'elles prennent leurs dispositions pour se faire représenter au Congrès de Bourges.

Le Congrès adopte l'ordre du jour suivant présenté par Veuillat, après discussion auxquelles prennent part divers délégués :

« Considérant que la représentation proportionnelle, au sein de la Confédération générale du travail, si elle était adoptée, aurait pour conséquence fatale de noyer les petites organisations par les puissantes organisations.

Que le système serait en opposition avec les principes que nous défendons.

Le Congrès se prononce nettement contre ce mode de votation et décide le maintien du statu quo.

Invite ses délégués au Congrès de Bourges à voter dans ce sens et engage les délégués présents à faire le nécessaire dans leurs organisations syndicales pour que pareil mandat soit donné à tous les délégués bûcherons.

Le Congrès maintient le camarade MAJOT comme délégué la Fédération à la Confédération Général du Travail.

Le Congrès, saisi par le syndicat de Dôle (Jura) et par divers délégués, de la question de l'utilité que pourrait avoir la création d'un *journal Corporatif, organe de la Fédération bûcheronne*, pour la défense des intérêts bûcherons, donne mandat au Comité Fédéral d'étudier la question et de faire le nécessaire dès qu'il le jugera utile.

Au nom du Syndicat de *Rumilly-les-Vaux*.

Veuillat présente l'ordre du jour suivant, qui est adopté :

Le Congrès, considérant que les demandes de prolongation de délai d'exploitation des coupes forestières formulées près des services compétents par les exploitants des forêts, sous prétexte de faciliter l'exploitation des coupes, ont surtout pour but de permettre à ces exploitants de traîner le travail en longueur, afin d'obtenir un abaissement des prix de façon réclamés par les syndicats ouvriers et pour combattre plus sûrement les organisations ouvrières, émet le vœu que Monsieur le Ministre de l'agriculture transmette aux services intéressés, les ordres nécessaires pour qu'aucune prolongation de délai ne soit accordée pour l'exploitation des coupes dans les forêts de l'Etat.

Le Congrès, considérant en outre que dans certaines forêts de l'Etat, les bûcherons sont parfois obligés de faire 4 et 5 kilomètres pour s'approvisionner d'eau potable, appelle l'attention de Monsieur le Ministre de l'agriculture et du service des Eaux et Forêts, sur l'utilité qu'il y aurait à ce que des puits soient forés de distance en distance là où le besoin s'en fait sentir.

Veuillat donne communication au Congrès d'une lettre des Jardiniers de Paris concernant la *création d'une Fédération des travailleurs de la terre*.

Le Congrès renvoi l'examen de cette question au prochain Congrès.

Le Congrès vote à l'unanimité l'ordre du jour suivant présenté par Bonin (Yonne), Godard (Yonne), Giraud (Cher), Deveissières (Cher), Veuillat (Cher) :

« Le Congrès proteste contre les condamnations iniques prononcées par le tribunal de Saint-Amand (Cher), contre le dévoué camarade Veuillat, secrétaire général de la Fédération, contre les camarades Penet, Deloire, Laramée, Mouilleron, Mancier, Dorsemaine, Joly, Mollet, Jouannet et Claudet, victimes de leur dévouement à la cause syndicale.

Il proteste contre les poursuites arbitraires exercées contre les camarades de Neuvilly, victimes de l'iniquité patronale.

Il proteste également contre les crimes de Cluses et de Casaménes, et adresse à tous les camarades victimes de la police bourgeoise et des attentats patronaux, l'expression des sentiments de solidarité ouvrière qui animent tous ses membres.

Il estime que devant de pareils actes le devoir du prolétariat, pour en éviter le retour, est de s'organiser solidement et de se préparer à faire prévaloir ses revendications par tous les moyens en son pouvoir et au besoin par la Grève générale.

Sur la proposition du Président et de divers délégués, le Congrès décide que la Fédération prendra à sa charge tous les frais que nécessiteront les divers procès intentés au Secrétaire général et aux divers camarades bûcherons du Cher et remercie les camarades Laffont, Willm et Gau‑niche qui ont pris la défense de ces camarades.

VEUILLAT soumet au Congrès la motion suivante :

Le Congrès décide qu'une brochure rendant compte du Congrès d'Auxerre sera publiée par les soins du Comité Fédéral.

Chaque syndicat devra en souscrire le plus grand nombre possible d'exemplaires. Adopté.

L'ordre du jour étant épuisé, Mauger remercie les délégués de lui avoir facilité sa tâche. Il constate avec satisfaction que sans se départir de cet esprit révolutionnaire qu'ils ont manifesté en maintes occasions, les bûcherons savent conserver aussi bien au sein de leurs organisations que dans leur Congrès, cet esprit de méthode et de décision qui, déjà, leur a donné de si féconds résultats, témoignant mieux que tout ce qui pourrait être dit que les bûcherons ont une conscience très nette de leurs intérêts de classe et sont prêts à résister à toutes les tentatives de désorganisation d'où qu'elles viennent.

Il déclare le Congrès clos.

La séance est levée à 6 heures aux cris de : Vive l'Emancipation des Travailleurs par les Travailleurs eux‑mêmes !

Après le Congrès, les délégués bûcherons, drapeaux déployés, vont rejoindre les camarades d'Auxerre qui, depuis le matin, font flotter leurs rouges drapeaux au vent.

Ils parcourent les principales rues de la ville, suivis par une foule qui va grossissant à chaque pas.

Ils sont l'objet d'ovations enthousiastes.

A 8 heures a lieu le banquet qui a clôturé le Congrès et qui s'est terminé par des chansons corporatives et révolutionnaires.

Pour la Fédération Nationale,
Le Secrétaire-Général,
VEUILLAT.

Le Président du Congrès,
H. MAUGER.

FÉDÉRATION NATIONALE
des
Syndicats Bûcherons et Travaux Similaires
DE FRANCE ET DES COLONIES
Fondée le 29 juin 1902

PRÉAMBULE

Les transformations économiques modernes ont apporté de profonds changements dans les conditions de l'existence.

La concentration des capitaux, en facilitant l'application de nouveaux procédés scientifiques, a puissamment développé les moyens de production et d'échange.

Il n'en est résulté aucune amélioration pour les travailleurs dont le sort devient de plus en plus misérable.

Les progrès du machinisme et la concurrence effrénée déterminent des chômages fréquents et une baisse générale des salaires. L'antagonisme des intérêts est arrivé à l'état aigu.

Une minorité d'hommes « qui n'ont eu que la peine de naître » possèdent tout et goûtent dans l'oisiveté toutes les jouissances de la vie.

Les travailleurs qui sont l'immense majorité et que le hasard de la naissance a déshérités, produisent toutes les richesses et subissent toutes les privations et toutes les souffrances de la misère.

Les causes de cette situation, qui pèse si douloureusement sur le prolétariat, sont l'*Ignorance* et l'*Egoïsme*. Notre devoir est donc de *nous instruire et de pratiquer la Solidarité* pour conquérir notre émancipation. Le sort des *Travailleurs des villes* et celui des ouvriers des *champs et des bois* sont intimement liés, leurs intérêts sont communs, ils doivent s'unir pour amener une transformation sociale.

C'est le but de notre Fédération.

STATUTS

TITRE PREMIER
Formation de la Société

ARTICLE PREMIER. — Il est formé entre les Chambres syndicales ouvrières bûcheronnes et travaux similaires de France qui adhèrent ou adhéreront aux présents statuts, une Union qui prend pour titre : *Fédération Nationale des Bûcherons et Travaux Similaires de France et des Colonies.*

Sa durée sera illimitée ainsi que le nombre des organisations adhérentes. Son siège social sera désigné à chaque Congrès.

TITRE II

But de la Fédération

ART. 2. — La Fédération a pour but :

1º De défendre, par tous les moyens en son pouvoir, les intérêts des corporations ci-dessus désignées et de poursuivre énergiquement l'émancipation intégrale de tous les travailleurs ;

2º De représenter et de défendre les organisations adhérentes dans toutes les questions ayant un caractère d'ordre général et privé ;

3º D'organiser partout où il sera possible, la création de syndicats et dans ce but, la Fédération organisera des tournées de propagande dans les régions boisées, autant que le permettront ses ressources ;

4º De s'intéresser au mouvement économique national et international en se faisant toujours représenter par des délégués dans les congrès ;

5º D'établir des rapports constants entre les ouvriers fédérés, afin de développer la pratique de la Solidarité morale et matérielle ;

6º De saisir l'opinion publique par tous les moyens possibles (réunions, conférences, brochures, journaux, affiches, etc.), des besoins et des réclamations de la corporation, afin de la faire juge de leur légitimité et d'obtenir son appui.

7º De réclamer énergiquement pour tous ses membres le bénéfice de toutes les lois ouvrières existantes ou à venir. Elle s'attachera surtout à l'obtention de la réglementation des heures de travail ;

8º D'établir une statistique des salaires dans tous les travaux des bois sans exception et du mode de procéder dans les différentes régions ;

9º De poursuivre la réalisation de toutes les décisions du Congrès en faveur des travailleurs pour la propagande et la grève générale ;

10º En outre, la Fédération devra s'occuper de toutes questions susceptibles d'élever le niveau intellectuel et moral des travailleurs des bois et des champs et d'en faire ainsi des hommes conscients de leurs devoirs et de leurs droits.

TITRE III

Adhésions et exclusions

ART. 3. — Les syndicats qui adhéreront aux présents statuts et créeront par ce fait la Fédération en deviendront membres créateurs et seront par cela dispensés des formalités imposées aux syndicats qui n'y adhéreront qu'ultérieurement.

ART. 4. — Toute demande d'admission devra être accompagnée des statuts du syndicat, ainsi que du nombre de ses adhérents.

ART. 5. — Il sera perçu un droit d'entrée de *cinq centimes par membre*.

ART. 6. — Tout syndicat en retard de six mois de cotisations sera suspendu après avoir été prévenu de la situation. La radiation ne pourra être prononcée que par la majorité absolue des syndicats fédérés dûment consultés ou par un congrès de la Fédération.

Un syndicat démissionnaire ou exclu n'aura aucun recours sur la caisse fédérale.

TITRE IV

Cotisations

ART. 7. — La Cotisation mensuelle est fixée pour chaque syndicat à *cinq centimes par membre et par mois.*

Le produit des cotisations des syndicats sera versé chaque trimestre et d'avance entre les mains du trésorier général qui en délivrera reçu.

Tous les frais d'administration et de correspondance sont pris sur la caisse. Néanmoins, et dans des cas spéciaux, où le Conseil fédéral en jugerait l'opportunuté, ce dernier pourrait faire un appel de fonds extraordinaire aux syndicats fédérés.

TITRE V

Administration et Contrôle

ART. 8. — La Fédération est administrée par un Conseil fédéral, composé de : Un Secrétaire général, un Secrétaire-adjoint, un Trésorier général, un Trésorier-adjoint, un Archiviste et deux Assesseurs.

Le Conseil nommera son Président à chaque séance.

Ces membres seront nommés dans les syndicats adhérents à la Fédération, de préférence dans ceux les plus rapprochés du siège social. Ils seront élus pour un an, au bulletin secret, rééligibles et révocables.

Le Secrétaire général sera chargé de la correspondance en général et établira régulièrement les comptes-rendus des travaux de la Fédération qu'il réunira en un rapport documenté, qui sera adressé chaque année aux corporations adhérentes.

Le Secrétaire-adjoint le secondera dans tous ses travaux et le remplacera en cas d'empêchement jusqu'à la prochaine élection du Comité fédéral.

Le Trésorier fait les recettes et les dépenses ou paiements et les inscrit sur un livre de caisse, coté et paraphé par le Secrétaire général et le rapporteur de la Commission de Contrôle.

Il opère le placement et le déplacement des fonds ; toutefois, pour ce dernier cas, il devra fournir un extrait du procès-verbal de la séance autorisant le remboursement, timbré du cachet de la Fédération, signé du Secrétaire général.

Il ne pourra conserver en caisse une somme supérieure à cent francs. Il est responsable de la caisse contenant les fonds de la Fédération.

Pour toutes recettes, il délivrera un reçu détaché d'un carnet à souche.

Il rédigera chaque trimestre un bulletin de ses travaux en comptabilité qui sera adressé à tous les syndicats adhérents.

Le Trésorier-Adjoint aura les mêmes droits et devoirs que le Secrétaire-adjoint.

L'Archiviste veillera avec soin à la conservation des documents de la Fédération et recueillera tous les renseignements susceptibles d'aider le Secrétaire général dans la confection de son rapport annuel.

ART. 9. —. Une commission de contrôle de cinq membres sera nommée pour un an. Elle fournira un rapport annuel sur la gestion de la caisse fédérale.

TITRE VI

Grèves

ART. 10 *(modifié)*. — Les Syndicats pourront toujours se mettre en grève, mais aussitôt les déclarations ils en aviseront le Conseil Fédéral et exposeront les motifs.

TITRE VII

Congrès

ART. 11. — Chaque année, les syndicats se réuniront en Congrès.

Il se tiendra toujours avant celui de la Confédération Générale du Travail.

La date en sera choisie par le Conseil fédéral.

ART. 12. — La Fédération adhère à la Confédération Générale du Travail.

DISPOSITIONS GÉNÉRALES

ART. 13. — Le présent règlement est toujours révisable; toute demande de modification devra être adressée au Conseil fédéral, qui la fera connaître aux syndicats adhérents et jugera s'il doit la soumettre au congrès, auquel appartient le droit de révision. Les syndicats ont toujours le droit de porter devant le congrès une proposition de révision ; toutefois, ils devront avertir le Conseil de leurs intentions et lui faire connaître le texte de leurs propositions.

ART. 14. — La Fédération ne s'occupera que des question : économiques.

Toutes les communications doivent être adressées au Secrétaire général : D. VEUILLAT, *à la Chapelle-Hugon (Cher).*

ACCIDENTS DU TRAVAIL

Conseils Pratiques

Les travailleurs appelés à bénéficier, en cas d'accident survenant à l'occasion du travail, des dispositions de la loi du 9 avril 1898, feront bien de se pénétrer des conseils suivants, que nous croyons devoir publier dans leur intérêt.

Lorsqu'un accident se produit — quelle qu'en soit l'importance, ne fût-ce qu'une simple contusion, une piqûre, une écorchure même — il faut le faire constater par les personnes présentes et le déclarer au patron ou à l'un de ses préposés, contremaître, commis ou chef d'atelier. Il ne faut pas craindre les moqueries qui peuvent se produire si l'accident paraît bénin : il peut devenir grave par la suite. Une simple piqûre, une méchante écorchure, peuvent produire un panaris, un phlegmon, la gangrène, et nécessiter une amputation, et, qui sait, déterminer la mort.

Il importe même, comme complément de précaution, de consulter au plus tôt un médecin s'il survient la plus petite complication, surtout quand on a reçu un coup dans la poitrine ou dans le ventre.

Tous les jours, des camarades se voient contester leurs droits aux indemnités auxquelles ils ont droit parce qu'ils ont négligé de s'entourer de toutes les garanties recommandées ci-dessus.

Un jour, c'est un ouvrier peaussier qui se pique la main, qui n'en dit rien sur le moment et qui, ayant quitté la maison, ne fait la déclaration que lorsqu'il constate que la piqûre a déterminé un mal plus grave. Une autre fois, c'est un camionneur qui se blesse en tombant avec un fût dans une cave et qui ne déclare l'accident qu'un mois après, lorsqu'il ne peut plus aller : il y a fracture de côte.

C'est aussi un ouvrier qui, à la fin de sa journée tombe dans l'atelier, se fait mal à la jambe, s'en va clopin-clopant à son domicile sans attacher grande importance à ce qui vient de lui arriver. Le lendemain matin, le blessé se fait porter à l'hôpital, où l'on constate deux fractures à la jambe.

Dans tous les cas, les patrons, ou plutôt les compagnies d'assurances qui agissent à leur place, contestent leur responsabilité. Ils prétendent que l'accident dont l'ouvrier a été victime n'a pas eu lieu à l'occasion du travail et c'est à grand'peine que le malheureux arrive, quand il a cette chance, à obtenir une indemnité.

Les sinistrés devront toujours se méfier des médecins désignés par les patrons et leurs assureurs. On comprend sans peine que ces gens ont à défendre un intérêt qui n'a aucun rapport avec celui des personnes qu'ils doivent soigner, sauf de rares exceptions.

La loi reconnaît au blessé le *droit absolu* de choisir son médecin aux frais du patron ou de la Compagnie d'assurance qui le garantit ; qu'il use donc de ce droit, car la plupart du temps, il se déplace pour se rendre chez le médecin qu'on lui a imposé ou bien à l'hôpital, alors qu'il n'y a pas nécessité absolue, et, presque toujours, on refuse de l'indemniser de ses frais de déplacement, bien moins coûteux pourtant que les honoraires du médecin qu'il aurait pris à son service.

Le blessé a donc tout avantage à prendre un médecin qu'il connaît pour sa science et son honnêteté ; il sera mieux soigné, tous les frais seront supportés par le patron ou ceux qui le remplacent, et il n'aura pas à redouter la trahison possible de celui à qui des secrets doivent souvent être confiés.

Enfin, le Syndicat, indépendamment des nombreux avantages qu'il procure aux travailleurs intelligents qui comprennent son utilité comme force économique et sociale, ajoute celui de soutenir ses adhérents dans ces circonstances douloureuses, et, par ses conseils désintéressés, leur rembourse largement les cotisations qu'ils ont pu verser.

SYNDIQUEZ-VOUS !